THIS BOOK BELONGS TO

I Am Magical!

I Am Smart!

I Am Kind!

I Am Strong!

I Am Beautiful!

I Am Magical!

I Am Smart!

I Am Kind!

I Am Strong!

I Am Beautiful!

I Am Magical!

I Am Smart!

I Am Kind!

I Am Strong!

I Am Beautiful!

I Am Magical!

I Am Smart!

I Am Kind!

I Am Strong!

I Am Beautiful!

I Am Magical!

I Am Smart!

I Am Kind!

I Am Strong!

I Am Beautiful!

I Am Magical!

I Am Smart!

I Am Kind!

I Am Strong!

I Am Beautiful!

I Am Magical!

I Am Smart!

I Am Kind!

I Am Strong!

I Am Beautiful!

I Am Magical!

I Am Smart!

I Am Kind!

I Am Strong!

I Am Beautiful!

I Am Magical!

I Am Smart!

I Am Kind!

I Am Strong!

I Am Beautiful!

I Am Magical!

I Am Smart!

I Am Kind!

I Am Strong!

I Am Beautiful!

I Am Magical!

I Am Smart!

I Am Kind!

I Am Strong!

I Am Beautiful!

Made in the USA
Las Vegas, NV
04 April 2021

20818235R00066